AF500306

SILHOUETTE

DE

PROUDHON

PAR

HENRI MARCHEGAY

Un Franc

PARIS

LIBRAIRIE ACHILLE FAURE ET Cie

18, rue Dauphine, 18

1868

SILHOUETTE

DE

PROUDHON

PAR

HENRI MARCHEGAY

PARIS

LIBRAIRIE ACHILLE FAURE ET Cie

18, rue Dauphine, 18

1868

SILHOUETTE DE PROUDHON

PAR

HENRI MARCHEGAY

I

Avez-vous lu Proudhon? — Telle est la question qu'une petite église d'exaltés nous jette chaque jour à la face, avec le naïf enthousiasme du bonhomme ayant lu Baruch. Quant à eux, s'ils ont lu le prophète, l'ont-ils bien compris? J'en doute, car il ne se comprenait pas toujours lui-même. S'ils ne l'ont pas lu, pourquoi tant le prôner? pourquoi s'en aller répétant : « Dans le peu que j'en ai eu sous la main, j'ai dévoré des pages merveilleusement frappées, claires, logiques, entraînantes, et j'ai supposé le reste du même faiseur. Or donc, vive Baruch! »

Pour les affamés de polémique, les dilettanti de l'argument pour l'argument, Proudhon fut un savant artiste en dialectique et fort en poumons : ils ne lui demandent pas autre chose. Vigoureusement empoigné, cet homme ou ce système! Ils se plaisent à lui voir mettre en relief sa vaste musculation intellectuelle, comme les hercules de tréteaux produisent leur large torse et leur opulent biceps, *magna ossa lacertosque exuit*. Si, roi de parade, il crie pour faire du bruit plutôt que pour se faire entendre; s'il tire sur la foule son coup de pistolet ou s'il allume ses feux de Bengale pour faire croire au canon d'alarme ou à l'incendie, quelle audace ! Si, génie chaotique et apocalyptique, il mêle et confond tout, prononçant un *fiat lux* théâtral sur un ramassis d'idées contradictoires, dans une langue souvent empruntée à Fourier, parfois à Veuillot, incidemment à Bossuet ou à Pascal, quelle profondeur ! Quand ce docteur subtil et déclamateur, après avoir ergoté, insulté, tempêté, gris de paradoxe et de phraséologie, dit en se rengorgeant : « Et vous, ami lecteur, que pensez-vous de la rétorsion ? » Bien trouvé et bien tourné, s'écrient-ils. Athéniens en quête de scandale et d'étrangeté, qui vont rire et applaudir aux joutes de Gorgias.

Les bourgeois, qui ne lisent guère et jugent sur parole, n'ont pas encore pardonné au négateur de la propriété, fanfaron de socialisme, de les avoir fait trembler dans leur peau, d'avoir voulu les déposséder de leur *vol*, et ne se doutent pas jusqu'à quel point Proudhon fut des leurs, quoi qu'il en ait dit. Il les a défendus mieux qu'ils ne se défendront jamais eux-mêmes.

Les *purs* de la démocratie, qu'il traînait si impitoyablement sur la claie, ont peut-être oublié ses injures; mais, à coup sûr, le Titan de la révolte sociale s'est perdu à leurs yeux en prenant le masque de Jupiter conservateur. Selon eux, il brouilla tout, pour ne pas faire comme les autres, sans souci de l'œuvre commune. La démocratie, *c'était lui*. Ils vont même jusqu'à accuser son ambition de n'avoir pas répudié cet alliage réactionnaire et gouvernemental qu'ils réprouvent dans son œuvre.

D'étourdis ou faciles critiques ont voulu voir en lui la plus fidèle expression de notre siècle, nouvelle renaissance où s'amalgament en fermentant les éléments confus d'un âge d'or prochain. En réalité, Proudhon est le touche-à-tout impuissant, le prophète malheureux de notre époque réformatrice et créatrice, qui, sur bien des points essentiels, a déjà formulé son credo scientifique. Mais sans rien trouver de pratique, rien prophétiser de vrai, comme il a beaucoup discuté, avec passion, avec fureur, avec folie, quelques-unes de ses critiques survivront à ses systèmes avortés. Mettant l'homme absolument de côté, jetons un coup d'œil impartial sur l'œuvre du *remueur d'idées*. Vérifions les titres à l'universelle domination, de cet orgueilleux qui prétendait montrer, par le succès de son éloquence, « que si l'égalité n'a pu vaincre par l'épée, c'est qu'elle devait vaincre par la parole ! »

II

PROUDHON ÉCONOMISTE

Les *Mémoires contre la propriété* ne sont pas écrits avec de l'encre, mais avec du vitriol. Jamais, avant et depuis Rousseau, une critique plus passionnée n'avait attaqué le vieil ordre social dans ses racines mêmes. Le philosophe de Genève avait bien dit : « Les fruits sont à tous, et la terre à personne. » Les communistes avaient diversement appliqué cette maxime chère aux égalitaires, mais qui aboutit ordinairement dans leurs systèmes à une inégalité de répartition. Proudhon en fait un cri de guerre : La propriété, c'est le vol!... c'est l'exploitation de l'homme par son frère, l'assassinat, l'oppression, la misère, l'immoralité, l'impossibilité, l'utopie (1)! Il le prouve. La propriété n'est pas de droit naturel, messieurs les philosophes, car elle serait égale pour tous, comme les autres droits de nature, la liberté, l'égalité, la sécurité. Le droit d'occupation et le droit de travail, les mêmes pour tous, la détruiraient au lieu de la fonder, n'en déplaise à l'impertinent orgueil des économistes! La loi civile l'établira-t-elle mieux? « Le fait ne produit pas le droit. » Le consentement universel sera-t-il à son égard la voix de Dieu ou de la vérité (2)? « Un tel contrat, eût-il pour rédacteurs Grotius, Montesquieu et

(1) *Mémoires contre la propriété.*
(2) Premier m émo

J.-J. Rousseau, fût-il revêtu des signatures du genre humain, serait nul de plein droit, et l'acte qui en aurait été dressé, illégal. L'homme ne peut pas plus renoncer au travail qu'à la liberté ; or reconnaître le droit de propriété territoriale, c'est renoncer au travail, puisque c'est en abdiquer le moyen, c'est transiger sur un droit naturel et se dépouiller de sa qualité d'homme. » Ce droit de propriété illégal, il reprochait à la révolution de n'avoir rien révolutionné, puisqu'elle n'avait fait que l'étendre, et qu'elle devait l'abolir. Il accusait Saint-Simon et Fourier d'y revenir par leurs formules iniques et contradictoires : « A chacun selon sa capacité, à chaque capacité selon ses œuvres.— A chacun selon son capital, son travail et son talent. »

Il était bien obligé, comme eux, de faire intervenir plus ou moins directement la communauté ou la société dans la commensuration ou la peréquation des salaires ; comme eux, de compter avec l'inégalité, admettant que les paresseux n'eussent qu'une partie de leur salaire. Mais ne démontrait-il pas surabondamment, contre eux, l'équivalence des fonctions, d'où suit l'égalité des salaires? Le talent, dans chaque spécialité, a plus reçu de la société et lui doit plus qu'elle ne lui doit. La valeur intrinsèque de l'*Iliade* est inappréciable : sa valeur marchande ou échangeable a pour équivalent ce que produit un sabotier dans le temps et avec la dépense qu'il fallut à Homère pour composer son chef-d'œuvre. Du reste, « toutes les productions particulières sont communes, et le producteur lui-même n'a droit à son produit que pour une fraction dont le dénominateur est égal au nombre d'individus dont la société se compose (1). » Et Proudhon repoussait avec mépris toute espèce de rapprochement avec le com-

(1) Premier mémoire.

munisme, *cette religion de l'oppression et de la misère*, à laquelle ses prémisses le rattachaient invinciblement! Il y retombait en détail, le reniant en somme. Pas de milieu, pourtant, pour qui nie la propriété, entre l'état de communauté et l'état de sauvagerie.

Mais, si la solution du problème social était déjà trouvée, il perdait, à l'avouer, le bénéfice de sa synthèse future; il perdait le droit de lancer cette menace prophétique aux capitaux épouvantés : « Pour moi, j'en ai fait le serment, je serai fidèle à mon œuvre de démolition, je ne cesserai de poursuivre la vérité à travers les ruines et les décombres. Il faut que les mystères du sanctuaire d'iniquité soient dévoilés, les tables de la vieille alliance brisées, et tous les objets de l'ancien culte jetés en litière aux pourceaux... La propriété est vaincue, elle ne se relèvera jamais. »

Les premiers mémoires sur la propriété étaient des réquisitoires contre la société tout entière, une action pétitoire, laquelle échouant, il ne restait plus à Proudhon et aux prolétaires *qu'à se couper la gorge*. Dans les œuvres suivantes, des livres, si l'on veut, des chefs-d'œuvre de furie éloquente (1), il développe la *thèse* avec l'*antithèse*, produisant avec luxe les pièces du grand procès. Quelle sombre et navrante peinture du prolétariat dépouillé et jugulé par la propriété, d'accord avec la *juris-ignorance*, la bancocratie, la théologie, l'économie, l'ordre social, la routine, l'enseignement autoritaire et la politique du glaive! Quel abîme entre l'ordre établi par la syllogistique et l'autorité dans l'humanité, et l'ordre *sériel* tel que la nature le révèle et l'esprit de l'homme veut et doit le réaliser pour la société! Le nouveau messie,

(1) *Création de l'ordre*, — *Contradictions économiques*, — *le Représentant du peuple*, — *la Voix du peuple*, — etc.

qui se donne un brevet providentiel, sans s'effaroucher de la contradiction, pousse le radicalisme jusqu'à renverser Dieu de son trône, *si Dieu existe,* Ainsi tout va changer sur la terre et dans le ciel : l'édifice est ébranlé de la base au faite. Que va-t-il résulter de toute cette œuvre rugissante? Une contradiction.

Le paradoxe propose et la logique dispose. « (1) En 1854, je m'aperçus que la dialectique d'Hegel (il avait bien rudement averti Bastiat de l'étudier !), que dans mes *Contradictions économiques* (et ailleurs), j'avais suivie, pour ainsi dire, de confiance, était fautive en un point (!) et servait plutôt à embrouiller les choses qu'à les éclaircir. » Que d'aveux à la fois, auxquels il manque le plus important : qu'on s'est trompé! Poursuivons. « J'ai reconnu alors que... l'antinomie ne se résoud pas... seulement elle peut être balancée soit par l'équilibration des contraires, soit par son opposition à d'autres antinomies. » Donc, adieu l'antinomie, et balançons-nous ! La propriété inique, spoliatrice, oppressive, machiavélique, niée presque autrefois même sous sa forme bénigne de possession, Proudhon l'accepte enfin « tout entière, avec ses abus, *jus utendi et abutendi,* d'autant plus sacrée à ses yeux qu'elle est plus abusive. » Toujours impure dans son principe, « elle se justifie, se légitime par ses fins, qui sont d'être opposée à elle-même, et d'avoir pour contre-poids la raison d'État. » Aussi le crédit était autrefois naturellement gratuit ; maintenant il le deviendra, s'il peut, par l'équilibration des intérêts contraires. Le travail était « une condition et non un combat ; » mais, du moment que la propriété, absolue, incoërcible, se protége d'elle-même, « le travail est une épée... (2) » Tant

(1) *Théorie de la propriété*, etc.

(2) *Principe fédératif, — Théorie de l'impôt, — Théorie de la propriété.*

pis pour le bras infirme ou la lame mal aiguisée! Sous le régime de l'antinomie, qu'était la concurrence? « Un duel en champ clos, dans lequel le droit se décide par les armes. Qui de nous vendra des épices au voisin? — Qu'on les mette en boutique s'écrie l'économiste : le plus fin ou le plus fripon sera le plus honnête homme et le meilleur marchand. — C'est tout l'esprit du code Napoléon. » Sous le régime de la balance, la concurrence « c'est la destruction du monopole, c'est l'émulation, c'est la constitution de la valeur, c'est le principe de la répartition, c'est l'avénement de l'égalité. » La balance a résolu toutes les contradictions économiques : voyons-la fonctionner.

III

PROUDHON ORGANISATEUR

« Je prie le lecteur de considérer qu'ayant commencé par un paradoxe, je devais, si je raisonnais juste, rencontrer à chaque pas des paradoxes et finir par des paradoxes. » La logique du paradoxe! encore une antinomie à convertir en balance! Proudhon entend toutefois être pris au sérieux, et ne veut pas qu'on l'accuse « de savoir détruire, mais de ne savoir pas édifier. » Et ne croyez pas qu'il permette à d'autres ouvriers d'apporter à l'édifice social leur moellon! Les économistes sont des sots, les communistes des charlatans. Messieurs ses cousins du Luxembourg, Louis Blanc et Leroux, ne prononcez pas devant lui le mot d'État ou de communauté, ce qui revient toujours au despotisme de la souveraineté collective! Eh! le progrès n'arrive qu'aux dépens de l'État! La mutualité, expression suprême de la société, voilà la formule de salut. Quelle est-elle cette idée qui doit régénérer l'économie et le gouvernement? Oyez et ne soufflez mot, et gardez-vous de ne pas comprendre, sous peine d'excommunication socialiste.

« (1) La mutualité est le contrat par excellence, à la fois politique, synallagmatique et commutatif, qui embrasse à la fois, dans ses termes si simples, l'individu et la famille, la corporation et la cité, le travail, l'instruc-

(1) *Principe fédératif.*

tion et la propriété. » Elle ressemble fort à l'*harmonie* de Fourier; mais Proudhon ne veut pas qu'on la confonde avec l'association, qui est un de ses moyens toutefois, et son plus essentiel. Par l'association et la concurrence, tout devient libre, tout gratuit, balancé, égal. Dans la mutuelle, ou dualisme équilibré de la communauté et de l'individualité, fleurira cette *Banque d'échange* qui, baptisée *Banque du peuple* (1), malgré la gratuité du programme, appelait à son aide cinq millions, qui ne vinrent pas aussi aisément qu'une condamnation judiciaire pour un virulent pamphlet. Proudhon accusait le communisme de s'en être mêlé pour la tuer, mais, en réalité, elle n'était pas née viable : comment prêter sur hypothèques à qui n'a rien à faire hypothéquer? Remplacer l'usure par un escompte compensateur des frais d'administration, est-ce détruire l'intérêt du capital? Substituer à la valeur métallique le billet de banque, c'est modifier la circulation des capitaux ; la nature des capitaux, non.

Dans ce régime de concurrence et d'association (peut-être d'associations de concurrence), l'égalité équilibrera comme elle pourra l'inégalité naturelle ou artificielle. « Les droits de la force (le fait produit le droit depuis 1854), du talent, du caractère même, aussi bien que ceux du travail, sont ménagés. » Par la grâce de la contradiction, nous voilà rentrés dans l'ornière de Saint-Simon, Fourier, Cabet et Louis Blanc. Nous les dépasserons. La loi de *l'offre et de la demande* est à chasser de l'économie régénérée, de même que le système arbitraire des tarifs. « Malheureusement, dit Proudhon, cette réforme ne peut s'obtenir qu'au moyen d'une initiative supérieure à toute individualité. » Ce *deus ex machina* nécessaire pour sau-

(1) Journaux, — *Statuts de la Banque du peuple,* — *Manuel du spéculateur.*

ver le mutuellisme en danger d'utopie, est-ce la fiction communiste de l'État ? Non, mais la société (1), ce qui est la même chose, mais paraît bien différent à ces partisans extrêmes de la liberté individuelle, la liberté des ours, des vipères et des chiens enragés, en l'absence de cette tutelle égalitaire qui vient de l'État, unique sauvegarde des droits de chacun, unique garantie des devoirs de tous. L'individu crée l'État, disent-ils, et qu'est-ce que cet État, dont l'individu n'a rien de mieux à faire qu'à se débarrasser, pour vivre heureux et respecté ? Un non sens, une impossibilité, une abstraction, une contradiction, comme le chapitre suivant va nous en donner d'abondantes preuves.

(1) *Principe fédératif, — Théorie de l'impôt, — Capacité politique.*

IV

PROUDHON ANARCHISTE

« La fédération est le principe politique et social par excellence, dont l'idée a surgi pour la première fois « en l'année 1859 (1), » patronnée par la politique de Villafranca. La modestie de l'inventeur Proudhon est, comme on voit, hors d'atteinte. Dans ce système, favorable aux œuvres mutuellistes, chaque cité forme un groupe, plusieurs cités des cantons ou districts, les cantons des provinces, des confédérations, en un mot : le monde est morcelé en confédérations de confédérations, ayant des intérêts communs, mais des gouvernements propres. Les limites naturelles et les distinctions ethnographiques déterminent les groupements économiques et politiques. Proudhon pose en axiome cette vérité selon lui incontestable. Nous la contestons.

Outre les causes morales, l'éducation, les institutions, les progrès de la civilisation, la science reconnaît des causes influant sur les races beaucoup plus directement que la zone climatérique : tels sont le croisement, le principe de sélection (2), et même la qualité des terrains en rapport constant avec leur date de formation (3). Ce n'est donc plus l'identité, mais la diversité qu'il faut in-

(1) *La Fédération et l'unité italienne.*
(2) Darwin.
(3) Trémaud.

voquer en faveur du groupement toujours artificiel des individualités humaines. Que devient cet argument si magistralement soutenu, de l'Italie « naturellement diverse de races, de langues, de tempéraments et de mœurs? » De par la science, une palpable ineptie. Le hameau, la cité, la province, ne sont pas plus dans la nature que l'unité nationale : ces groupements sont œuvre de logique sociale, et relèvent de la raison d'État. « *On peut*, dit le maître logicien, *considérer* comme population homogène, distincte, et jusqu'à un certain point (ce point est à préciser) autochthone, par conséquent comme population destinée par la nature des lieux, le climat, la langue, etc., à former un État ou cité, toute population comprise dans un bassin défini (1). » *On peut*, sans doute, en vertu des rapports que le voisinage entraîne, mais ce voisinage tend de jour en jour à se propager et à s'anéantir, par la suppression de la distance, la facilité des échanges, des déplacements, des croisements, par l'unification de la grande famille humaine. Où la politique perd ses droits, la géographie n'en peut formuler aucun.

Après l'avoir jugé dans son principe, examinons en lui-même et dans ses conséquences *antinomiques* le système fédératif. La société a une force collective en lutte, ou plutôt en balance avec les forces individuelles. Une fois acceptée, la fédération est indissoluble et la force collective, au nom du pacte *synallagmatique*, a le droit de ramener, bon gré mal gré, les dissidents. Est-ce au nom de la liberté, qui a présidé, dans l'hypothèse, à l'acceptation du contrat, et ce contrat, qui n'est pas une fiction comme *celle* «*du* légiste Rousseau. eût-il *pour signataires le genre humain*, » oblige-t-il ceux qui ne l'ont pas signé? Donnez à la raison d'État le nom de droit fédératif, droit

(1) *France et Rhin.*

de conservation nationale, vous ne changerez pas la chose, an-archiste autoritaire que vous êtes.

Du reste, en vertu de ce principe d'an-archie ou de gouvernement supprimé, de libre gouvernement communal et provincial, Proudhon ouvre la porte au communisme, qui est une forme de gouvernement, tout comme le doctrinarisme, le jacobinisme, le césarisme et le droit divin. L'anarchie mutuelliste aura bien des gouvernements à fédéraliser : quel ménage pourront-ils faire ensemble? La logique fait tourner ici l'antinomie au grotesque.

N'est pas négateur de l'État qui veut : il faut toujours y revenir par le droit chemin ou le détour. Ainsi le peuple, né d'hier, auquel on a prématurément octroyé le suffrage universel, ne pourrait-il pas être pour le moment éliminé par la restauration du cens électoral? La propriété étant la base du droit, Proudhon ne voit rien d'étrange au vote par collection de propriétaires ou de capacités : ô égalité ! et même sous la surveillance d'une commission déléguée par la collectivité : ô an-archie ! Par la même logique d'antinomie, il conclut non pas à l'Église libre dans l'État libre, erreur du jacobinisme moderne, mais à l'Église serve dans l'État libre, car l'État est la collectivité des consciences, et de la conscience dérive le droit, et du droit la force (1).

Ce terrible individualiste a toujours besoin d'invoquer la force collective au secours de ses libres théories. « Un décret, en douze articles, de l'Assemblée nationale, une simple déclaration de ce fait, que la Banque de France, par l'augmentation de son numéraire, est devenue banque nationale ; qu'en conséquence elle doit fonctionner au nom et pour le compte de la nation, et le taux des es-

(1) *Justice, — le Droit de la force, — l'Unité italienne.*

comptes être réduit à 3/4 pour 100,— et la révolution est aux trois quarts faite (1). » L'économie ne la fait donc pas toute seule! Il sollicitera humblement, pour son idée sociale, l'appui du gouvernement, *qui ne peut rien que contre* la révolution, représenté par un homme qu'il injuriait naguère jusqu'à la correctionnelle inclusivement, du gouvernement qui se glorifiait d'avoir arraché la société au socialisme :

« Qu'il se trouve un homme de tête et de cœur, un seul, dans le gouvernement du 2 décembre, et mon œuvre passe. Faut-il que j'aille jusqu'à vous, monsieur le président, pour rencontrer cet homme-là (2)? »

La Pologne est égorgée une dernière fois : honneur au panslavisme, qui a compris sa mission et bien mérité de la propriété allodiale (3) ! Et l'Italie, à qui une providence d'État envoyait l'âge d'or de la fédération, et qui préfère l'unité, qu'on la coupe en morceaux, pour son bonheur et sa gloire, avec le droit divin pour couronnement et la papauté pour garantie de la morale. Où la raison d'État mène-t-elle ceux qui la nient, quand ils ont appris jeunes l'antinomie dans Hegel? L'autocratie bénie par l'auteur de la *Création de l'ordre!* La théocratie défendue par le don Quichotte de la *Justice!* Ce n'est plus de l'absurde, mais de l'odieux.

(1) Discussion avec Bastiat (*Voix du peuple*).
(2) *Révolution démontrée par le coup d'État.*
(3) *Droit de la force et force du droit.— Théorie de la propriété.*

V

PROUDHON POLÉMISTE

Si le critique Taine analysait Proudhon, il n'aurait pas longtemps à chercher sa faculté dominante, la contradiction, et il établirait de prime-abord que ce fut un génie processif dans un paysan franc-comtois, à laquelle formule l'ami Deschanel ajouterait peut-être : avec un tempérament athlétique et sanguin. Processif, athlétique et sanguin, soit. Comme tous les amateurs de procès, discuter pour le plaisir de discuter est son fort; n'ayant personne à contredire, il se contredirait lui-même; il aboierait après son chien, faute d'hommes. Le pour et le contre, le blanc et le noir, le bon sens et la folie, le style honnête homme et la langue verte, que le gascon y aille si le français n'y peut aller. Tout est bon au plaideur, pourvu qu'on le laisse plaidoyer tout du long : aujourd'hui contre la loi, demain pour elle, contre ou pour ses juges, pour ou contre ses clients, mais toujours contre des adversaires, que ce soient des hommes, que ce soient des femmes. Sanguin et irascible, la moindre contradiction le met hors de lui, comme une insulte à sa probité et à son infaillibilité; musculeux, il assomme, étreint, étrangle; rustre, il appelle de tout nom, ce qui n'est pas toujours nommer homme ou chose par son nom. Menteur comme Chicaneau, il ne dira jamais, quand il s'est trompé, qu'il s'est trompé. C'est Hegel, c'est Kant, c'est Fourier, c'est Bastiat, c'est le gouvernement, c'est l'opposition, les philosophes, les législateurs, les économistes, les économistes surtout, mais jamais lui. Il a aussi le raffinement de son métier ou de sa vocation : il dit ce qu'il ne pense pas, pour mieux faire dire à son adversaire ce qu'il pense. Son lecteur, son contradicteur, la société tout entière, sont des sujets d'expérience qu'il fouille dans le vif. Battu, dans la question du crédit gratuit, par un adversaire ayant du progrès économique une idée moins large, mais plus nette que la sienne, à bout de faux-fuyants, d'hegélianisme, de distinctions et de digressions, acculé dans l'absurde comme un sanglier blessé, il s'arrêtait et, la hure écumante, il donnait du boutoir dans le cœur du logicien impitoyable. De par la philosophie antinomique, il proclamait que de toutes les facultés étudiées en logique, M. Bastiat n'avait pas l'ombre d'une : « Était-il seulement un homme? » — « Je vous l'avoue, monsieur, ajoutait-il obligeamment, j'ai douté un instant qu'il y eût sur la terre un homme aussi disgracié sous le rapport de l'intellect, et j'ai accusé votre volonté. Pour ma part, je préférerais mille fois *être suspect dans ma franchise* que de me voir dépouillé du plus bel apanage de l'homme, de ce qui fait sa force et son essence. — J'ai accusé votre bonne foi, c'était une expérience, je vous en demande pardon, que je me permettais sur votre individu. » Après ces coups de poing littéraires, il n'y a plus que les coups de poing de la rue.

Était-ce encore une de ces expériences *in anima vili* qu'il faisait à coups de scalpel dans la fibre humaine, lorsqu'il décrétait d'incapacité politique cette plèbe qui pourtant, à son avis, en déléguant sa souveraineté à Louis-Napoléon, avait fait preuve de sens politique et de décision révolutionnaire? Était-ce une expérience, lorsqu'il traitait de parjures les *démocrates assermentés,* ayant lui-même conseillé la prestation du serment?

« Depuis la révolution on ne prête plus serment à un homme, on le prête au peuple, et on le légitime par son opposition. » Celui qui avait écrit : « Nous avons trop d'intérêts engagés au Corps législatif pour avoir le droit de nous tenir à l'écart, » lorsqu'il conseillait à la démocratie l'abstention ou le vote blanc, sous prétexte que le socialisme n'avait pas à se faire représenter dans la Chambre des amis satisfaits ou non de l'État, voulait-il expérimenter sur la démocratie? De même, le jour où l'insurrection, à laquelle ses prédications violentes n'étaient peut-être pas étrangères, ensanglantant la rue, il allait, témoin philosophe, *écouter la sublime horreur de la canonnade?* Et encore, lorsque après avoir, plus qu'un autre, agité le spectre rouge aux yeux de la bourgeoisie terrifiée, et l'avoir surtout mise en défiance contre la république par le dénigrement des républicains transformés en partageux, en croquemitaines et en septembriseurs (1), il accusait cette bourgeoisie d'avoir tué la république, et lui disait : « An-archie ou césarisme !... vous l'avez voulu ! » On serait vraiment tenté de retourner contre lui l'aveu si étrange par lequel il fermait la bouche à M. Bastiat, et de lui dire : « Vos contradictions m'ont fait souvent douter de votre jugement, ne pourrait-on pas les attribuer à quelque grave imperfection morale? Car vous n'avez jamais reconnu vos torts, jamais pardonné ceux des autres, mais souvent vous avez fait de vos défauts des vertus et de leurs vertus des vices! »

Il y a une dépravation du cœur qui ressemble à un de ses plus beaux sentiments : l'envie est la grimace de l'égalité. Athènes exilait ses grands hommes, jalouse même de leurs vices, en défiance même contre leurs vertus. Babeuf supprimait toute supériorité dans sa république

(1) *Confessions d'un révolutionnaire* et *passim.*

d'égaux. Proudhon ne proscrit pas le talent et la vertu : il les bafoue, les conspue, les rapetisse. « La pitié, le bonheur et la vertu, de même que la patrie, la religion et l'amour, sont des masques ! Le talent est l'attribut d'une âme disgraciée. » Malheur à qui passe, le cœur ou le front haut, sous la toise du Veuillot socialiste ! Il n'a d'égards pour personne, pour ses voisins d'école moins que pour les autres. Ses invectives n'épargnent pas les morts immortels. « Après les persécuteurs, je ne hais rien tant que les martyrs. » Maxime inepte, impie, négatrice de l'histoire, qui peut décourager le progrès et endormir la servitude; maxime qu'il faudrait graver en lettres d'or sur tous les palais et les châteaux forts du despotisme. Proudhon la porte réellement dans son cœur. Il ne connaît ni le dévouement à un principe et à un peuple, ni le dévouement à la science. Garibaldi, les hommes de 1848, de 1830, de 93 et de 89 : charlatans de la parole, de l'épée ou du couperet ! Les philosophes et les historiens : pédants de l'école normale ! Les poëtes : prostitués du mysticisme ! Les artistes : pornocrates ! Les journalistes : boutiquiers d'idées, à décorer ou à vendre ! Les orateurs : bavards ! Les politiques : forcenés ou hypocrites ! Les économistes : ignares ! Les jurisconsultes : faiseurs d'idylles ! Les savants : farceurs ! Et à côté de ces épithètes, des noms propres à profusion, des personnalités criantes, à côté d'exécutions souvent méritées, et d'insultes qui ne sont pas des diffamations.

Quand on invective en détail, il est logique d'invectiver en grand : c'est là du moins une logique familière à Proudhon. Il a écrit cent belles pages sur le génie unitaire, expansif et révolutionnaire de la France : il les lui fera rudement payer. « (1) Le Français n'a pas réellement

(1) *France et Rhin*

besoin d'être libre. Quelqu'un a dit que nous n'étions pas mûrs pour la liberté : c'est inexact. Nous ne serons jamais mûrs : cette liberté nous est inutile. Pourvu qu'il ait de quoi vivre, qu'il *blague*, qu'il raille, pourvu qu'il glose sur le gouvernement, tout en lui obéissant, il est content. La France a joué un rôle non par son génie, mais par sa position. Ce groupe est si puissant, que nécessairement il a pesé dans la balance. Mais ce rôle est bien moindre qu'on ne l'a dit. Notre rôle est un rôle de brouillon. » Vous êtes orfévre, monsieur Proudhon. Nous voilà condamnés sans indulgence, mais non sans appel. Le juge s'est chargé de se donner la réplique à lui-même, dans une foule de livres, et notamment dans celui d'où nous avons extrait ces lignes : « L'Allemagne a sa réforme et sa philosophie, les Anglo-Saxons leur industrialisme, la France sa révolution, son principe d'égalité, ses qualités d'esprit et de goût. » Et encore : « Qui a fait la littérature moderne ? Qui a fait la révolution française ? Qui a posé la question économique ? Qui a ouvert la véritable ère des gouvernements constitutionnels, si ce n'est la France ? etc. » La plupart des pamphlets proudhoniens offrent ce caractère de contradiction étourdie ou cynique, sœur du scepticisme, et plus propre à former des indifférents et des lâches que des hommes de courage et de foi. Ce sont de brillantes ou d'infernales orgies de science. Byron économiste et publiciste : le doute et le désespoir érigés en doctrine.

Pour la forme, Proudhon n'en manque pas : il a de tous les styles, de l'avocat, du notaire, du journaliste, du prédicateur, du peuple et de l'hiérophante ; le genre dominant est, il est vrai, le genre ennuyeux, qui n'est pas un genre littéraire, tout commun qu'il soit en littérature. Lourd, pédant, solennel, entortillé, Proudhon, ce Protée des idées, est assez monotone dans sa manière.

Il serait facile à un esprit sans portée de paraître quelqu'un, en lui empruntant la moitié seulement de ses vocables emphatiques, scientifiques, néologiques et amphigouriques, avec l'accompagnement indispensable des figures oratoires, surtout des plus violentes à l'effet : l'interrogation, la prosopopée, l'hyperbole et l'apostrophe, l'apostrophe aux vivants et aux morts, à Dieu et à Satan, aux tyrans, aux bourgeois, aux philosophes et aux économistes. On tendrait fortement la corde du style, et le trait strident, rapide et sûr, frapperait à droite et à gauche, à tort et à travers, sur tous et toutes choses. Brûlez-moi ceci ! Décrochez-moi cela ! Hors du Panthéon ce monsieur-ci ! Aux gémonies ce monsieur-là ! Arrière gastrosophes, théosophes, philosophes, mystagogues, démagogues et pédagogues ! Le fouet, les étrivières, la claie !.. On pourrait de la sorte aller loin et noircir bien des rames de papier, et, sans qu'il en coûtât beaucoup de peine et de temps, se faire avec des lambeaux de Proudhon un joli bagage de réformateur et de prophète à prose ou à vers. Mis en vers, Proudhon serait parfait : de la belle et haute poésie allemande.

VI

PROUDHON CRITIQUE

Cet esprit brouillon et querelleur n'était jamais plus à l'aise que dans le pamphlet. Il en met partout, dans la brochure, dans le journal et dans le livre. Il commence une diatribe en réponse au biographe Mirecourt, et voilà que l'invective devient dissertation, une de ses plus longues dissertations, les trois volumes *De la justice dans l'État et dans l'Église*, où de la métaphysique la plus ardue et la plus alambiquée il retombe encore au pamphlet de chapitre en chapitre. Est-ce à dire qu'il n'ait jamais su que hurler et mordre? C'est un Janus à deux cervelles qui pensent et à deux bouches qui pérorent tout à la fois en sens inverse : quand l'une de ces cervelles pensait selon la logique, l'autre battait la campagne; quand l'une de ces bouches vomissait crapauds et couleuvres, de l'autre il coulait parfois des perles fines et artistement ciselées. Il répondait à Pierre Leroux, prédicateur de l'émancipation féminine : « Ménagère ou courtisane, il n'y a point pour la femme de milieu. » La femme, il vous le dira cent fois, est un être essentiellement passif, qui n'a d'initiative que pour la débauche. Incapable de s'élever par elle-même à la conception juridique, elle porte dans son émancipation le joug de la supériorité masculine. Les héros des romans de George Sand sont plus que les héros de ses livres. Eh bien, cet étroit critique de la femme a ravissamment dépeint le rôle mystique et gracieux de l'ilote dans le gynécée, et sa dissertation pastorale, sentie avec le cœur de Rousseau, est gravée par le burin de Pascal (1). C'est presque à faire regretter qu'il n'ait pas raison.

Quelquefois il s'oublie aussi à improviser de la belle et bonne critique littéraire ou artistique, comme il a marqué ses fortes empreintes dans la critique de l'économie, de la religion et de la politique officielles. S'il insulte Rousseau le mystique (Proudhon emploie ce mot comme synonyme de sentiment et de sentimentalité), s'il commence à trouver drôle Voltaire, à Diderot il a beaucoup pardonné, et il a fait une appréciation large et sympathique de ce génie fougueux et aventureux, mais vaste, et qui dans l'âme et sur le front avait ce mot écrit : Révolution. La plus originale et la plus piquante étude que j'aie lue sur Virgile, « le premier Père de l'Église, » je l'ai lue dans Proudhon. Il passe en revue les génies repus de savoir, mais sans boussole et sans critère, de la renaissance, et l'on dirait un chef d'armée faisant défiler devant lui l'état-major et les soldats de la contradiction. Qu'on ne s'attende pas à lui voir applaudir à cette nouvelle féodalité de l'esprit qu'on voulait créer sous le nom de propriété littéraire (2). Il considère le talent comme une qualité impersonnelle, domaine de l'humanité, et peu ou point propriété individuelle. Et de la littérature qui n'est que littéraire, il dira crûment ce qu'en vaut l'aune. « L'idée manquant, on se jette dans le faux et l'outré ; on fait du placage littéraire; on étend sur des brutalités, sur des turpitudes, les formes créées par les maîtres ; on fabrique du style avec du style, comme ces Italiens qui, ne produisant plus

(1) *De la justice.*
(2) *Majorats littéraires.*

d'œuvres originales, fournissent, d'après les maîtres, des statues, des bas-reliefs, des colonnes, et jusqu'à des temples pour l'exportation. Cela s'appelle écrire, cela s'appelle littérature. Est-il vrai, oui ou non, que pour la majorité des lettrés la littérature est un métier, un moyen de fortune, pour ne pas dire un gagne-pain? Or il n'y a pas ici de distinction à établir; dès que l'écrivain est entré dans la voie du mercantilisme, il la parcourra tout entière. Il suivra le va-et-vient de l'opinion, les variations de la mode; il sacrifiera au goût du moment, encensera les idoles en crédit, demandant son salaire à toutes les usurpations et à toutes les hontes. » Le reproche est fort, et très-littérairement exprimé. Tant pis pour qui l'aurait mérité.

En fait d'art, il préfère la nature à la convention, au fade et mignard Raphaël, son brutal et vrai compatriote Courbet, à l'art pour l'art, celui qui vise au bien et à l'utile, et, n'en déplaise aux artistes, il a raison contre eux. Son livre de soi-disant ignare en sait plus long que toute leur science d'effet, de ligne et de couleur. M. Castagnary, qui s'y connaît, pense là-dessus à peu près comme Proudhon. Mais pour se débarrasser des lisières de la convention et recommencer l'art d'après la nature, l'iconoclaste ne trouve pas d'autre moyen que de brûler le classique et de démolir les musées. L'utopiste se retrouve tout entier dans cette esthétique de vandale. En serions-nous plus avancés si, les vieilles écoles rayées d'un coup de pioche ou de marteau, Courbet ou tel autre allaient à leur tour devenir classiques? Réformons le goût, ne sacrifions pas la tradition.

Encore une critique où excelle ce démolisseur universel, c'est la satire enragée des religions, quand il ne leur ôte pas son chapeau. Lisez le *Miserere*, où le saint roi danseur s'en entend dire de toutes les couleurs; les

Évangiles annotés par un Voltaire à rude patte ; et quelques pages humaines de la *Justice*. Il faut remonter à Jean de Meung pour retrouver les origines de ce rire large et brutal, bien près de la bourrade, et qui est le rire de Jacques Bonhomme, le rire gaulois le moins fin. On ne sait pas toujours, il est vrai, où s'arrête l'ironie, où commence l'exégèse : mais, tout Proudhon que l'on est, on a des réserves à garder avec les puissances établies, et la correctionnelle en est une des mieux établies.

VII

PROUDHON MÉTAPHYSICIEN

Proudhon met la philosophie de moitié dans toutes se dissertations et sophistications morales, économiques e politiques. Or, sa philosophie est un tohu-bohu de sys tèmes disparates, un syncrétisme pédantesque auque les alexandrins seuls auraient pu comprendre quelqu chose.

Sa méthode est multiple. Dès le principe, il proclam l'universalité et l'infaillibilité de la dialectique hegélienne qui, de la *thèse* et de l'*antithèse*, du pour et du contre avance vers l'inconnue ou *synthèse*, vainement annoncé par Proudhon à la fin de chaque volume. Ce merveilleu instrument ne l'empêchait pas d'adopter aussi comm infaillible la méthode propre aux sciences naturelles, e d'allier ainsi la dialectique à l'expérience, l'*à priori* à l'*a posteriori*, Hegel et Kant à Bacon. La *loi sérielle*, recommandée par Fourier, lui parut un moment la seule chose raisonnable que ce communiste eût découverte, et encore appropriée à l'antinomie d'Hegel. Pour venir en aide à la faiblesse intellectuelle de ses antagonistes, il savait descendre de la haute métaphysique allemande à la vieille et vulgaire méthode du *distinguo*. D'autres fois, si cartésien qu'il soit à ses heures, il syllogistique en *celarent* et en *barocho* comme pas un docteur *angelicus*, *subtilis* ou *illuminatus* de la scolastique qu'il abhorre. Mainte fois, il affirmera ses franches sympathies pour le positivisme de Littré, auquel il empruntera ses formules répulsives de l'absolu métaphysique et du surnaturel. Sur la foi de ce philosophe, il rejettera donc l'absolu ontologique, pour le conserver sous la rubrique de relatif : c'est ainsi que la propriété, absolu relatif, bonne à jeter aux pourceaux, si l'on en croit l'antinomie, par le contre-poids d'un autre absolu relatif, la communauté, devient la plus féconde invention et le plus sacré des droits de l'homme.

La psychologie de Proudhon est aussi mélangée que sa logique. Avez-vous une opinion sur l'âme ? Oui, j'en ai une, deux, trois, tant que vous voudrez. La croyez-vous une essence? Demandez à Cabanis et aux physiologistes. Un rapport, une série ? Demandez à Hegel, Kant, Fichte, etc. Seriez-vous par hasard sensualiste ou matérialiste ? « A force d'éclectisme et de matérialisme, nous avons perdu jusqu'à l'intelligence de nos traditions ; nous n'entendons pas même Descartes ; car si nous entendions Descartes, il nous conduirait à Kant, Fichte, Hegel et au delà. » Nous voilà bien renseignés.

En morale, ce contempteur platonique de toute autorité révélée ou psychique se traîne souvent à la remorque des théosophies officielles. En premier lieu, la loi mosaïque était à ses yeux le code par excellence de morale, religion, hygiène et politique. La prescription égalitaire du repos sabbatique (il n'y voyait pas percer le bout de l'oreille théocratique) a sauvé et doit régénérer le monde : peu s'en faut que ce nouveau Moïse, qui se déclare incrédule, ne brandisse le glaive du Seigneur pour forcer bourgeois, manants, savants et poëtes d'aller à la messe le dimanche. Plus tard, convaincu d'un accord impossible entre la *politique de l'Écriture sainte* et le *Contrat social*, il dira leur fait à toutes les religions et démontrera que c'est d'elles que vient tout le mal individuel et social. Dieu, c'est le mal! Ce n'est pas du ciel que descend la morale : elle fleurit spontanément dans le cœur et l'esprit de l'homme, elle est fille de la conscience. Plus de transcendance, l'immanence! Socrate l'avait prêché, Voltaire prosé et rimé, Michelet prophétisé avant lui. Ce n'était pas la peine de crier si fort *eurêka!* à propos d'une loi aussi vieille que le monde : le principe de la morale est le respect de la dignité humaine. Pour prouver qu'il fait jour, il faisait le tour du monde, de la science, de l'histoire et de la philophie, et vous prouvait dans une langue de sibylle qu'il ne fait pas nuit. Ce que c'est que de vouloir refaire la science quand elle est faite!

Il appelait la théologie la *science de l'infiniment absurde*, ce qui ne lui ôtait pas le goût d'en préciser l'objet et d'en organiser la méthode, et aussi de lui emprunter son attirail de formules pédantes, de distinctions transcendantes et de rêvasseries ontologiques. Grâce aux procédés de la théologie nouvelle, Dieu est la conscience subjective portée à son plus haut degré d'extension et d'élévation. Il avait même la prétention d'expliquer et de justifier le dogme et le culte chrétiens par un symbolisme des facultés ou aspirations réelles et mystiques de l'âme. Le *Pater noster* est tout simplement un monologue de l'âme avec elle-même ou avec l'âme sociale, si vous l'aimez mieux, un dialogue entre le subjectif et l'objectif humain. A ce compte-là, rien que de fort anodin, mais aussi rien de philosophique et de neuf dans ces fameuses apostrophes à Satan — le bien! et de haine contre Dieu — le mal! Rhétorique à effet, voilà tout, antithèse de mots! obscur bavardage! « De ce que dans la Providence nous ne puissions point reconnaître Dieu, s'ensuit-il qu'il n'existe réellement pas? s'ensuit-il que la fausseté du dogme de l'existence de Dieu soit démontrée? Hélas! non; le vrai remède pour tuer le fanatisme consiste, selon moi, à démontrer à l'humanité que Dieu, si même il existait, serait son ennemi. Si ma réconciliation avec Dieu était jamais possible, ce ne serait pas de mon vivant, et elle n'arriverait que par la complète destruction de mon être. » Quand on n'a pas de preuves pour nier l'existence de Dieu, la logique voudrait qu'on s'en tînt à l'hypothèse généralement adoptée. Le positivisme, lui, nie l'hypothèse, parce qu'il n'admet aucune preuve suffisante en sa faveur. Le proudhonisme admet des preuves pour et des preuves contre Dieu, et il l'affirme et le nie en même temps.

VIII

CONCLUSION

On pourrait condenser l'œuvre littéraire de Proudhon en quelques centaines de pages sensées, originales et de haut style. De tout le reste, encyclopédique fatras, il y aurait un volume très-amusant à faire : on prendrait la fleur de ses contradictions sur chaque matière, et l'on aurait un bouquet des plus richement nuancés. On verrait l'an-archie fraternisant avec l'État, — le théisme avec l'athéisme ; — l'incrédulité et l'ordre d'aller à la messe, — la propriété vol et la propriété droit, — la Banque du peuple escomptant la Banque de France, — la gratuité du crédit et la légitimité du 1 pour 100, — la concurrence meurtrière et la concurrence égalitaire, — la presse puissance et la presse inutilité,— la femme passive et initiatrice en débauche,— la guerre et la paix légitimes, — le régicide inepte, immoral, et la revendication du droit par tous les moyens, — l'appel à la révolte et l'acceptation du fait accompli,

— l'action et l'abstention politiques, — le serment conseillé et défendu, — le peuple flatté et le peuple calomnié, — la bourgeoisie bafouée, avilie, et aidée dans ses tentatives réactionnaires, — la révolution bénie et la révolution maudite, — tout remis en question, tout divisé, obscurci; en un mot le doute, le découragement et le désespoir planant sur les ruines d'un monde redonné au chaos. Ce livre de contradictions insolentes, mis entre les mains des jeunes Français, à côté du cours de logique, leur conseillerait par ses excès même le sage emploi de leur faculté souveraine, la raison. A côté du verre d'eau, l'ivresse raisonneuse dans toute sa licence : une leçon de tempérance à la mode spartiate.

IMPRIMERIE PARISIENNE DE L. BERGER, BOUL. BONNE-NOUVELLE, 26
et impasse Bonne-Nouvelle, 5

183. – Imprimerie Parisienne, Berger, boulev. Bonne-Nouvelle, 26

www.ingramcontent.com/pod-product-compliance
Ingram Content Group UK Ltd.
Pitfield, Milton Keynes, MK11 3LW, UK
UKHW012302240726
13966UKWH00004B/1573

9 782011 752833